# essentials

*essentials* liefern aktuelles Wissen in konzentrierter Form. Die Essenz dessen, worauf es als „State-of-the-Art" in der gegenwärtigen Fachdiskussion oder in der Praxis ankommt. *essentials* informieren schnell, unkompliziert und verständlich

- als Einführung in ein aktuelles Thema aus Ihrem Fachgebiet
- als Einstieg in ein für Sie noch unbekanntes Themenfeld
- als Einblick, um zum Thema mitreden zu können

Die Bücher in elektronischer und gedruckter Form bringen das Expertenwissen von Springer-Fachautoren kompakt zur Darstellung. Sie sind besonders für die Nutzung als eBook auf Tablet-PCs, eBook-Readern und Smartphones geeignet. *essentials:* Wissensbausteine aus den Wirtschafts-, Sozial- und Geisteswissenschaften, aus Technik und Naturwissenschaften sowie aus Medizin, Psychologie und Gesundheitsberufen. Von renommierten Autoren aller Springer-Verlagsmarken.

Weitere Bände in der Reihe http://www.springer.com/series/13088

Armin Pfahl-Traughber

# Der Extremismus der Neuen Rechten

## Eine Analyse zu Diskursthemen und Positionen

Armin Pfahl-Traughber
Hochschule des Bundes für
öffentliche Verwaltung
Brühl, Deutschland

ISSN 2197-6708 ISSN 2197-6716 (electronic)
essentials
ISBN 978-3-658-27778-9 ISBN 978-3-658-27779-6 (eBook)
https://doi.org/10.1007/978-3-658-27779-6

Die Deutsche Nationalbibliothek verzeichnet diese Publikation in der Deutschen Nationalbibliografie; detaillierte bibliografische Daten sind im Internet über http://dnb.d-nb.de abrufbar.

Springer VS


Springer VS ist ein Imprint der eingetragenen Gesellschaft Springer Fachmedien Wiesbaden GmbH und ist ein Teil von Springer Nature.
Die Anschrift der Gesellschaft ist: Abraham-Lincoln-Str. 46, 65189 Wiesbaden, Germany

# Was Sie in diesem *essential* finden können

- eine Definition zu dem, was mit Neue Rechte hinsichtlich Ideologie, Organisation und Strategie gemeint ist,
- eine Skizze zur Entwicklung in Deutschland, wobei eine Konzentration auf das „Institut für Staatspolitik“ und sein Umfeld erfolgt,
- eine Analyse von Diskursen aus der Theoriezeitschrift „Sezession“, die nach den extremistischen Inhalten fragt,
- eine Einschätzung zum Extremismusgehalt und der Relevanz im aktuellen „Rechtsruck“ in der deutschen Gesellschaft und dem entsprechenden politischen Lager.

# Inhaltsverzeichnis

# Einleitung und Fragestellung 1

Gegenwärtig kann für Deutschland ein politischer „Rechtsruck" konstatiert werden. Dass die „Alternative für Deutschland" (AfD) im Bundestag und allen Landtagen präsent ist, steht als allgemein bekannter Beleg für diese Einschätzung. Darüber hinaus gelang es den „Patriotischen Europäern gegen die Islamisierung des Abendlandes" (Pegida) zeitweise über 10.000 Demonstranten regelmäßig in Dresden auf die Straße zu bringen. Blickt man genauer auf diese Akteure, so lassen sich in deren Hintergrund einschlägige Intellektuelle ausmachen, dienen sie ihnen doch als öffentliche Redner wie strategische Stichwortgeber. Folgt man den Auffassungen des früheren AfD-Bundesvorsitzenden Bernd Lucke, dann ist einer der Gemeinten der „eigentliche Strippenzieher im Hintergrund". Gemeint ist Götz Kubitschek, der als die bedeutsamste Figur der Neuen Rechten gilt. Björn Höcke, der mächtigste Repräsentant des rechten Flügels der Partei, sei „nicht mehr als Kubitscheks Lakai" und so auch „der Voldemort der AfD" (Lucke 2019, S. 156, 158, 160).

Auch wenn diese leicht konspirationsideologisch wirkende Kommentierung hinsichtlich der realen Wirkung übertrieben sein dürfte, steht die Einschätzung aus dem Inneren des gemeinten politischen Lagers doch für die politische Relevanz solcher intellektueller Vertreter. Ganz allgemein ist dafür von der Neuen Rechten die Rede, wobei mit dieser Bezeichnung häufig unterschiedliche Phänomene gemeint werden. Hier geht es um eine Gruppe von Intellektuellen, die sich auf das Gedankengut der Konservativen Revolution der Weimarer Republik berufen. Sie beabsichtigen eine „Kulturrevolution von rechts", womit sie eine „Umwälzung" herbeiführen wollen. Dass sich diese Absicht gegen die Grundlagen einer modernen Demokratie und pluralistischen Gesellschaft richtet, soll insbesondere anhand des „Instituts für Staatspolitik" und ihres Publikationsorgans „Sezession" ver-

 
A. Pfahl-Traughber, *Der Extremismus der Neuen Rechten*, essentials,
https://doi.org/10.1007/978-3-658-27779-6_1

anschaulicht werden. Demnach geht es bei der folgenden Analyse der Neuen Rechten um eine Untersuchung, die aus einer demokratie- und extremismustheoretischen Perspektive erfolgt.

Aus dem erwähnten Erkenntnisinteresse ergeben sich dann konkrete Fragestellungen: Welche ideologische Ausrichtung haben die Gemeinten? Wie ist die beschriebene Neue Rechte aus demokratie- bzw. extremismustheoretischer Perspektive einzuschätzen? Welche inhaltlichen Diskurse werden von den gemeinten Intellektuellen entfaltet? Und: Welche Relevanz kommt der Neuen Rechten beim „Rechtsruck" in der Wirkung zu? Dazu finden sich zunächst definitorische und hinführende Erläuterungen, dann fällt der Blick auf die Diskurse im Publikationsorgan „Sezession" und schließlich werden Antworten auf die gestellten vier Fragen gesondert und zusammenfassend formuliert. Es gibt bei all dem auch immer wieder Ausführungen zu Fehldeutungen, kursieren diese doch in Debatten und Kommentaren zur Neuen Rechten. Insofern sind einschlägige Klarstellungen nötig. Dazu gehört auch folgende Bemerkung: Es wird hier kein Anspruch auf Vollständigkeit erhoben, geht es bezüglich der Neuen Rechten doch primär um das Publikationsorgan „Sezession".

# Analysekriterien und Definitionen zur Neuen Rechten

# 2

## 2.1 Analysekriterien „Extremismus"/„Rechtsextremismus"

Angesichts des formulierten Erkenntnisinteresses bedarf es aber zunächst einer Erläuterung dazu, was mit „Extremismus" bzw. „Rechtsextremismus" gemeint ist. Es gibt in der Forschung unterschiedliche Positionen, worauf hier nicht mit Darstellungen und Kommentaren näher eingegangen werden kann (vgl. Pfahl-Traughber 2008, 2013). Indessen sollen kurze Arbeitsdefinition für die vorliegende Erörterung präsentiert werden: Der Ausgangspunkt für das Extremismusverständnis besteht in der Grundauffassung, dass Abwahlmöglichkeit und Gewaltenkontrolle, Menschenrechte und Pluralismus, Rechtsstaatlichkeit und Volkssouveränität anerkennens- und verteidigenswert sind. Demnach wird mit dem Begriff „Extremismus" die Negierung dieser Werte verbunden. Deren Ausgangspunkt ist entgegen weit verbreiteter Fehlschlüsse die individuelle Freiheit und nicht der vorhandene Staat. Dieser ist aus demokratietheoretischer Blickrichtung als institutioneller Garant für die gemeinten Grundrechte anzusehen.

Die politische Ablehnung der vorgenannten Prinzipien kann mit unterschiedlichen Vorzeichen geschehen. Damit ist die ideologische Ausrichtung der jeweiligen Bestrebungen gemeint, wobei die dort auszumachende Grundlage die inhaltliche Zuordnung erklärt. Erfolgt eine Absolutsetzung oder Höherwertung ethnischer Identität, wird nicht mehr nur vom Extremismus, sondern vom Rechtsextremismus gesprochen (vgl. Pfahl-Traughber 2019a, S. 23–35). Dabei ist folgender Gesichtspunkt von besonderem Interesse: Es geht nicht allgemein darum, dass eine ethnische Identität eine politische Wertschätzung erfährt. Es geht dabei darum, dass mit dieser Auffassung eine deutliche Negierung oder zumindest



A. Pfahl-Traughber, *Der Extremismus der Neuen Rechten,* essentials,
https://doi.org/10.1007/978-3-658-27779-6_2

Relativierung der genannten Werte erfolgt. Dies bedeutet etwa, dass es zwischen einem demokratischen Nationalpatriotismus und einem extremistischen Nationalismus sehr wohl Unterschiede gibt. Dass in Diskursen mitunter die Grenzen zu verwischen scheinen, macht auch und gerade die diesbezügliche Einschätzung der Neuen Rechten nicht leicht.

Beim Extremismusverständnis kursieren aber noch weitere Fehlschlüsse, worauf hier um einer inhaltlichen Klarstellung gegenüber möglichen Missverständnissen eingegangen werden soll: Die genutzte Bezeichnung schließt unterschiedliche Handlungsstile ein. Dies bedeutet, dass nicht jeder Extremist auch Gewalttäter sein muss. Es gibt Akteure, die sich formal an die Gesetze halten und Gewalt vermeiden, gleichwohl Menschenrechte und Pluralismus negieren wollen. Gerade wenn es um Intellektuelle geht, ist diese Einsicht relevant. Es wird demnach den behandelten Akteuren auch keine Gewalttätigkeit unterstellt, gelegentlich bedienen sie aber Diskurse mit einer Gewaltmentalität. Und eine weitere Klarstellung bezieht sich noch auf die Ideologie im Rechtsextremismus: Damit sind nicht nur die politischen Anhänger des historischen Nationalsozialismus gemeint, es gibt auch nicht-nationalsozialistische Rechtsextremisten. Diese berufen sich auf andere Ideologiefamilien, wozu eben auch die Konservative Revolution der Weimarer Republik gehört.

## 2.2 Definition von „Neue Rechte“: Ideologie und Klassiker

Auf sie bezieht sich die hier gemeinte Neue Rechte, die zunächst hinsichtlich ihrer Besonderheiten in Ideologie, Organisation und Strategie definiert werden soll. Bezüglich des erstgenannten Aspekts kann gesagt werden, dass es eine Berufung auf die vorgenannte geistige Strömung gibt. Die ambivalent wirkende Bezeichnung „Konservative Revolution“ bedeutete, dass man nicht mehr das Bestehende bewahren, sondern überwinden wollte. Damit war die Weimarer Republik als demokratischer Verfassungsstaat gemeint. Demgegenüber sollten angeblich verlorene Wertvorstellungen wiederbelebt werden: Elite, Führung, Gott, Nation, Natur, Ordnung, Rasse und Volksgemeinschaft. Mit Aufklärung, Gleichwertigkeit, Individualitätsprinzip, Liberalismus, Menschenrechten, Parlamentarismus, Parteiendemokratie und Pluralismus hatte all dies nichts zu tun. Die Alternative sollte eine cäsaristische Diktatur mit einer realen Massenbasis sein. Die bekanntesten Anhänger waren Edgar Julius Jung, Arthur Moeller van den Bruck, Carl Schmitt und Oswald Spengler.

Mit dieser Definition geht eine Einschätzung zu einer Forschungskontroverse einher, wozu hier in einem Exkurs kurz Stellung genommen werden soll. Die Bezeichnung „Konservative Revolution" wurde von einem ihrer Sympathisanten populär gemacht. Demnach sollten dazu Bündische, Jungkonservative, Landvolkbewegung, Nationalrevolutionäre und Völkische gehören (vgl. Mohler 1989). Dagegen gab es den berechtigten Einwand, dass angesichts ihrer ideologischen Differenzen diese politischen Gruppen nicht in eine gemeinsame Sammelbezeichnung passen (vgl. Breuer 1993). Dem wird ausdrücklich zugestimmt. Gleichwohl bedeutet dies in der Konsequenz nicht, dass man auf die Kategorie „Konservative Revolution" gänzlich verzichten muss. Sie soll nur auf eine der genannten Gruppen, nämlich die Jungkonservativen, beschränkt werden. Daher erfolgt eine Gleichsetzung von ihnen mit der Konservativen Revolution. In deren etatistischer Ausrichtung besteht die ideologische Besonderheit (vgl. Pfahl-Traughber 1998, S. 52 f.).

Es gibt über die Berufung auf die erwähnten Denker noch andere Klassiker der Neuen Rechten, wobei es sich meist um intellektuelle Anhänger des europäischen Faschismus handelt. Damit sind etwa soziologische Elitetheoretiker gemeint, also etwa Julius Evola, Robert Michels oder Vilfredo Pareto, die mit dem Mussolini-Regime sympathisierten. Dies tat auch der Dichter Ezra Pound, und auch er kommt in den Diskursen der Neuen Rechten als geistiges Vorbild vor. Ähnlich verhält es sich mit französischen Intellektuellen, die mit der deutschen Besatzung kollaborierten und einem europäischen Faschismus huldigten. Dazu gehörten etwa Robert Brasillach oder Pierre Drieu la Rochelle. Und schließlich stützt man sich gern auf umstrittene Ansätze aus der Intelligenz- und Verhaltensforschung, was die Berufung auf Hans-Jürgen Eysenck oder Konrad Lorenz erklärt. Es lässt sich aber auch eine Begeisterung für den japanischen Putschisten und Schriftsteller Mishima Yukio oder den gegenwärtigen russischen Publizisten Alexander Dugin konstatieren.

## 2.3 Extremistische Ausrichtung der Konservativen Revolution

Da die Berufung auf die Jungkonservativen später noch von besonderer Relevanz sein wird, soll bereits hier auf deren politische Ausrichtung gegen Demokratie, Menschenrechte und Pluralismus eingegangen werden. Die gemeinten Autoren äußerten sich seinerzeit noch sehr deutlich, bestanden doch andere politischen Rahmenbedingungen in der Weimarer Republik. Die folgende Erläuterung zu

„Konservative Revolution“, die der einflussreiche Publizist Edgar Julius Jung formulierte, macht die dualistischen Wertvorstellungen deutlich: „Konservative Revolution nennen wir die Wiederinachtsetzung aller jener elementaren Gesetze und Werte, ohne welche der Mensch den Zusammenhang mit der Natur und Gott verliert und keine wahre Ordnung aufkommen kann. An die Stelle der Gleichheit tritt die innere Wertigkeit, an die Stelle der mechanischen Wahl das organische Führerwachstum, an die Stelle bürokratischen Zwangs die innere Verantwortung echter Selbstverwaltung, an die Stelle des Massenglücks das Recht der Volkgemeinschaft“ (Jung 1932, S. 380).

Daher erfolgte auch eine klare Ablehnung von Individualität und Menschenrechten, wurde darin doch etwas das Ganze und die Gemeinschaft zersetzendes gesehen. Der Kulturphilosoph Oswald Spengler meinte: „Kein ‚Ich‘, sondern ein ‚Wir‘, ein Gemeingefühl, in dem jeder mit seinem gesamten Dasein aufgeht. Auf den einzelnen kommt es nicht an, er hat sich dem Ganzen zu opfern“ (Spengler 1922, S. 31 f.). Und weiter bemerkte er: „Aber die Gesellschaft beruht auf der Ungleichheit der Menschen … ‚gleiche Rechte‘ sind wider die Natur, sind die Zeichen der Entartung altgewordener Gesellschaften, sind der Beginn ihres unaufhaltsamen Zerfalls“ (Spengler 1933, S. 66). Insofern kann die fundamentale Ablehnung von Parteien nicht verwundern. Der Publizist Arthur Moeller van den Bruck, ein bedeutsamer Akteur aus der Frühgeschichte der Konservativen Revolution, ging davon aus, „daß alles Elend deutscher Politik von den Parteien kommt. … Es bleibt nur übrig, die Parteien von der Seite der Weltanschauung her zu zertrümmern“ (Moeller van den Bruck 1931, S. VII).

Gleichwohl berief man sich auf die Demokratie, deutete aber das damit Gemeinte inhaltlich um. Ein Musterbeispiel dafür findet sich bei dem bekannten Staatsrechtler Carl Schmitt, der folgende Definition vornahm: „Zur Demokratie gehört … notwendig erstens Homogenität und zweitens – nötigenfalls – die Ausscheidung oder Vernichtung des Heterogenen … Die politische Kraft einer Demokratie zeigt sich darin, daß sie das Fremde und Ungleiche, die Homogenität Bedrohende zu beseitigen oder fernzuhalten weiß“ (Schmitt 1991, S. 14). Damit konnte über die Berufung auf eine Demokratie dann auch eine Diktatur als Verkörperung des wahren Volkswillens legitimiert werden. Genau darauf zielten die Jungkonservativen bzw. die Konservative Revolution ab. Ihnen ging es um eine cäsaristische Diktatur, die durch die Massen irgendeine Rechtfertigung erfahren sollte. Dabei wurde weniger in Hitler, sondern mehr in Mussolini ein politisches Vorbild gesehen. Gleichwohl kann die Berufung auf solche Denker wohl schwerlich ein Indiz für eine demokratische Position sein.

## 2.4 Definition von „Neue Rechte": Organisation und Strategie

Doch nun wieder zurück zur Definition von Neue Rechte, wobei als nächstes Kriterium nach der Organisationsform gefragt werden soll. Man kann – um es zuzuspitzen – nicht formales Mitglied werden und einen Mitgliedsausweis erhalten. Vielmehr geht es um ein Netzwerk unterschiedlicher Publizisten: Man hört sich, man kennt sich, man liest, man trifft sich. Es bestehen bei der Berufung auf die Denker der Konservativen Revolution ideologische Gemeinsamkeiten. Gleichwohl gibt es Differenzen in bestimmten Fragen: Beruft man sich auf das Christentum oder stellt man sich dagegen? Soll es mehr Marktwirtschaft oder mehr Sozialstaat geben? Will man Fundamentalopposition betreiben oder Parteipolitik fördern? Eine festere Organisationsform wäre angesichts solcher Unterschiede wenig wahrscheinlich. So besteht eher ein loser und persönlicher Kontakt, der sich im gemeinsamen Publizieren und Referieren verdeutlicht. Dazu können als Foren sowohl Sammelbände und Theorieorgane wie Konferenzen und Seminare dienen.

Gemeinsam ist der Neuen Rechten auch die Strategie, will sie doch die geistige Überwindung der bestehenden Verhältnisse vorantreiben. Dafür werden Bezeichnungen wie „Kampf um die Köpfe", „Kulturrevolution von rechts" oder „Metapolitik" gewählt. Gemeint ist damit folgende Grundannahme: Ein geistiger Wandel müsse einem politischen Wandel vorausgehen. Zunächst bedürfe es im Diskurs eines Hegemoniegewinns der eigenen Positionen, erst danach könnten sie in Politik umgesetzt werden. Kurioserweise beruft man sich dabei gern auf den italienischen Marxisten Antonio Gramsci, der für die Kommunisten eine geistige Revolution als Voraussetzung einer politischen Revolution angemahnt hatte. Dieser strategische Ansatz wurde von der Neuen Rechten mit anderen ideologischen Vorzeichen übernommen. Insofern setzt man weniger auf politische Bewegungen und Parteien, sieht sich die Neue Rechte doch eher als deren Vordenker. Gleichwohl nähern sich deren Repräsentanten derartigen Politikformen je nach Situation wie gegenwärtig an.

Eher sehen sie aber im publizistischen Bereich das politische Handlungsfeld, wobei dort eine Auflösung der Grenzziehung zwischen demokratischen Konservativen und extremistischer Rechter versucht wurde und wird. Bei bestimmten Auffassungen gibt es durchaus Gemeinsamkeiten zwischen den politischen Lagern, etwa bei der Beschwörung von „Familie", „Heimat" „Nation" oder „Tradition" als grundlegenden Wertvorstellungen. Dabei gehen diese in dem einen

Fall mit demokratischen Grundpositionen und in dem anderen Fall mit extremistischen Vorstellungen einher. Um nun aber in die breitere Gesellschaft hinein wirken zu können, bedarf es entsprechender „Brücken" für die Neue Rechte. Daher dienen ihr auch Konferenzen und Publikationsorgane dazu, die bestehende Abgrenzung in ihrem Sinne zugunsten einer politischen Wirkung zu überwinden. Das damit angesprochene „Brückenspektrum" steht für den bevorzugten Handlungsort, aber nicht wie in gelegentlichen Fehlwahrnehmungen behauptet für die Neue Rechte selbst.

## 2.5 Fehlwahrnehmungen zum Neue Rechte-Verständnis

Bilanzierend lässt sich demnach die Neue Rechte wie folgt als Sammelbezeichnung definieren: Es geht um eine Intellektuellengruppe, die sich insbesondere am Gedankengut der Konservativen Revolution der Weimarer Republik (Ideologie) orientiert, als informelles Netzwerk unterschiedlicher Publizisten (Organisation) besteht und mittels einer „Kulturrevolution von rechts" den Systemwechsel (Strategie) anstrebt. Die Betonung dieser Merkmale ist hier zum Verständnis wichtig, da sich die folgenden Ausführungen eben nur auf das damit Gemeinte beziehen. Ein diffuses Begriffsverständnis, das nicht nur in den Medien, sondern auch in wissenschaftlichen Publikationen vorkommt, versteht darunter demgegenüber alles irgendwie „Neues" innerhalb der „Rechten". Dabei artikuliert sich meist eine unsichere Auffassung, welche nach irgendwelchen Kategorien sucht, um das gemeinte Phänomen terminologisch erfassen zu können. Eine Begriffsdiffusion angesichts von mangelnder Klarheit mit entsprechenden Kommunikationsproblemen folgte daraus.

Die vorstehenden Ausführungen verdeutlichten, dass das Neue an der Neuen Rechten weder inhaltlich noch zeitlich gemeint ist. Denn die ideologischen Anknüpfungspunkte der Konservativen Revolution entstammten der Weimarer Republik und Erscheinungsformen der Neuen Rechten im gemeinten Sinne gab es bereits in den 1960er Jahren. Daher wurde das „Neue" in Neue Rechte eben bewusst groß und nicht klein geschrieben. Obwohl die Neue Rechte als rechtsextremistisch gelten kann, gab bzw. gibt es Differenzen zum traditionellen Rechtsextremismus. Diese bestehen in einem ideologischen und strategischen Sinne: Bei dem erstgenannten Aspekt geht es um die Berufung auf die Konservative Revolution und eben nicht auf den Nationalsozialismus. Bei dem strategischen Gesichtspunkt steht im Mittelpunkt, dass es der Entwicklung einer eigenen politischen Theorie bedürfe und diese eben im Kontext eines „Kampfes um die Meinungsführerschaft" propagiert werden müsse. Man entdeckte demnach den intellektuellen Diskurs als politisches Handlungsfeld.

Nach der vorstehenden Definition gehören bestimmte Organisationen, Personen und Publikationen nicht zur Neuen Rechten, auch wenn sie in den Medien so verortet werden: Die „Identitäre Bewegung" bezieht sich zwar auf die Ideen der Konservativen Revolution, hat aber einen aktionsorientierten Ansatz und könnte allenfalls als „Neue Rechte auf der Straße" gelten. In Zeitungen wie der „Jungen Freiheit" oder Zeitschriften wie „Cato" finden sich zwar Autoren und Positionen der Neuen Rechten. Da dort aber auch andere Auffassungen aus dem „rechten" politischen Lager vorkommen, können sie nicht pauschal der Neuen Rechten zugeordnet werden. Dies ist auch bei „Compact" als Monatsmagazin so, wobei diesem noch dazu das intellektuelle Format fehlt. Auch einzelne Buchautoren gehören nicht zur Neuen Rechten wie Thilo Sarrazin, der sich nicht auf das Gedankengut der Konservativen Revolution beruft. Ebenso verhält es sich bei der AfD als Partei und bei Pegida als Bewegung, wo man Neue Rechte allenfalls am Rande findet.

# 3 Entwicklung und Grundpositionen der Neuen Rechten

## 3.1 Die Neue Rechte in Frankreich als Initiationsfaktor und Vorbild

Das, was heute in Deutschland als Neue Rechte gilt, entstand in Frankreich (vgl. Christadler 1983; Jaschke 1990). Daher soll dieser Denkschule noch gesonderte Aufmerksamkeit gewidmet werden, war sie doch in dieser Hinsicht für die deutsche Neue Rechte ein politisches Vorbild: Die angesprochene Gruppe von Intellektuellen bildete sich in den 1960er Jahren aus Repräsentanten des traditionellen Rechtsextremismus. Diese beschworen nicht mehr historisch überkommene und politisch gescheiterte Bewegungen oder Systeme, sondern suchten nach einer neuen ideologischen und politischen Perspektive. Dazu entstand eine als Forschungs- und Studiengruppe firmierende Organisation, die fortan Kongresse durchführte und Zeitschriften herausgab. Sie beabsichtigte erklärtermaßen nicht die Etablierung einer Massenbewegung oder die Gründung einer neuen Partei. Demgegenüber wollten die Aktivisten eine „Kulturrevolution von rechts" vorantreiben, wobei es ihnen um eine Dominanz ihrer Ideen durch einen „Kampf um die Köpfe" bei der Meinungselite ging.

Demnach sollte ein herausgehobener Stellenwert der Theoriearbeit zukommen. Dies bedeutete außerdem, dass man die eigene Ideologie auf theoretische Grundlagen stellen wollte. Als Ausgangspunkt dafür diente zunächst die Entdeckung der Ideen der Konservativen Revolution der Weimarer Republik. Darüber hinaus bezogen die Aktivisten sich auf Elitetheoretiker, die für den italienischen Faschismus von großer Relevanz waren. Und schließlich meinte man sich noch auf bestimmte Anthropologen, Psychologen und Verhaltensforscher stützen zu können. Gleiches war später ebenso bei der deutschen Neuen Rechten. Aus derartigen Deutungen entstand eine Ideologie, die in der Gleichheitsauffassung

 
A. Pfahl-Traughber, *Der Extremismus der Neuen Rechten*, essentials,
https://doi.org/10.1007/978-3-658-27779-6_3

den Hauptfeind sah, die Menschenrechte als Ausdruck des Individualismus ablehnte, ein biologistisches Gesellschaftsbild des „Ethnopluralismus" propagierte und für die Etablierung einer autoritären Eliten-Herrschaft warb.

Durch die 1970er Jahre hindurch gelang es dieser Neuen Rechten, die sich um den Publizisten Alain de Benoist als informelles Netzwerk organisiert hatte, immer größere öffentliche Resonanz auszulösen. Als Ausdruck dieses Erfolges können die Auflagenzahlen der Bücher, ein angesehener Essaypreis für Benoist oder die Präsenz in der Redaktion des renommierten „Le Figaro Magazine" gelten. Gerade das letztgenannte Ereignis löste 1979 aber heftige Kritik und einen öffentlichen Skandal aus, woraufhin Benoist und seine Mitstreiter ihre Posten in der Zeitung wieder verloren. Die ganze Entwicklung machte indessen den Erfolg der Rechtsintellektuellen und ihrer Strategie deutlich. Damit hatten sie auch mit den geistigen Boden für den politischen Aufstieg des „Front National" gelegt, konnte die rechtsextremistische Partei doch ab 1984 kontinuierlich Wahlerfolge verbuchen. Diese Entwicklung schwächte indessen die Neue Rechte, denn einige ihrer Repräsentanten wandten sich fortan als Funktionäre und Mandatsträger der Partei zu.

## 3.2 Die Entwicklung der Neuen Rechten in Deutschland

In Deutschland war Armin Mohler (vgl. Pfahl-Traughber 1998, S. 164–170; Walkenhaus 1997) für die Neue Rechte von hoher Relevanz, wofür es sowohl ideologische wie publizistische Gründe in inhaltlicher Kombination miteinander gab. Der studierte Politikwissenschaftler hatte in seiner Dissertation die Konservative Revolution wiederentdeckt und sie für den Konservativismus als geistige Strömung mit Vorbildcharakter aufgearbeitet (vgl. Mohler 1989). Bereits früh fand er zu Benoist in Frankreich politischen Kontakt und beeinflusste die dortige Neue Rechte im erwähnten Sinne. Als dann zu Beginn der 1970er Jahre in Deutschland der Neokonservativismus aufkam, versuchte Mohler diese Politisierung in seine Richtung zu steuern. Dafür bot sich in „Criticon" (vgl. Dittrich 2007; Pfahl-Traughber 1998, S. 202–206) ein publizistisches Forum, wurden doch einschlägige Beiträge von ihm und der Neuen Rechten dort gedruckt. Es handelte sich um einen Bereich des erwähnten „Brückenspektrums", wo demokratische und extremistische Konservative schrieben.

Ein direkter Ableger der französischen Neuen Rechten entstand 1980 mit dem „Thule-Seminar" (vgl. AK Neue Rechte, Pfahl-Traughber 2019a, S. 119 f.), wobei dieses als „Denkfabrik" mit intellektuellem Format startete, aber als Einmann-Unternehmen nach kurzer Zeit niederging. Dies hing insbesondere mit Pierre Krebs als Leiter zusammen, war er doch zum intellektuellen wie organisatorischen

Aufbau einer solchen Struktur nicht sonderlich fähig. So erschien der deutsche Ableger der französischen „Elemente" der dortigen Neuen Rechten nur unregelmäßig und zwei umfangreichere Sammelbände standen nicht für eine breitere öffentliche Wirkung. Krebs isolierte sich persönlich und politisch immer mehr und trat später nur noch gelegentlich als Referent bei traditionellen rechtsextremistischen Organisationen auf. Seine wenigen Artikel- und Buchpublikationen wiederholten nur bekannte Deutungen und Positionen, wobei eine ansteigende biologistische Fixierung wie eine radikalisierte politische Sprachwahl ausgemacht werden konnte.

Bedeutsamer für die Neue Rechten war indessen ein anderes Publikationsorgan, wurde doch 1986 seinerzeit noch als Jugendzeitung die „Junge Freiheit" (vgl. Braun und Vogt 2007; Kellershohn 2013) gegründet. In den 1990er Jahren dominierte eine Ausrichtung an der Ideologie der Neuen Rechten, wurden doch immer wieder die Klassiker der Konservativen Revolution als Referenzquellen erwähnt. Es gab sogar mit „Die JF. Eine konservative Revolution" einen entsprechenden Werbeslogan. Als direkte Folge von öffentlicher Kritik kam es zu formalen Mäßigungen, hätte man doch so konservative Autoren und Bündnispartner mehr und mehr verschreckt. Gleichwohl durchziehen viele Beiträge der „Jungen Freiheit" nach wie vor bekannte Positionen. Aber unabhängig von der Frage, ob man sie als eher demokratisch-konservativ oder extremistisch-rechts einschätzt, kann sie der Neuen Rechten nicht gänzlich als Publikationsorgan zugeschrieben werden. Dazu fanden und finden sich zu unterschiedliche „rechte" Positionen in der Wochenzeitung.

## 3.3 Das „Institut für Staatspolitik", seine Protagonisten und die „Sezession"

Die aktuell bedeutsamste Einrichtung der Neuen Rechten ist das „Institut für Staatspolitik" (IfS) mit dem Publikationsorgan „Sezession". Die Einrichtung entstand 2000 und gilt als „Denkfabrik" des gemeinten Intellektuellenlagers. Es handelt sich um eine private Institution, die nicht an eine Universität angeschlossen ist. Da die Bezeichnung so etwas nahelegen könnte, bedarf es dieser Klarstellung. Das IfS hat auf dem Rittergut Schnellroda in Steigra in Sachsen-Anhalt seinen Sitz. Dort finden politische Bildungsveranstaltungen in Form von Seminaren und Vorträgen statt, welche der Ideologisierung bzw. Schulung im genannten Sinne dienen (vgl. Kellershohn 2016). Darüber hinaus gehören zu dem Komplex der Internetblog „Sezession", der aktuelle Kommentare präsentiert, und der Verlag „Antaios", der regelmäßig einschlägige Monografien veröffentlicht. Geschäftsführer ist als alleiniger IfS-Leiter seit 2014 der promovierte Philosoph Erik Lehnert, die „Sezession" wird hauptverantwortlich herausgegeben von Götz Kubitschek.

Da ihm besondere Bedeutung für das Publikationsorgan zukommt, folgen hier kurze Informationen zu seiner Person: Der 1970 Geborene studierte Germanistik, Geografie und Philosophie und arbeitet seit 2002 als selbstständiger Verleger. Er gehörte der „Deutschen Gildenschaft" als Student an und war zwischen 1995 und 1997 Redakteur der Wochenzeitung „Junge Freiheit". Das IfS gründete Kubitschek zusammen mit Karlheinz Weißmann. Nachdem die Pegida-Bewegung aufgekommen war, sprach er 2015 mehrmals als Hauptredner in Dresden wie bei dem Ableger in Leipzig. Der erwähnte Weißmann war bis 2014 für das IfS als „wissenschaftlicher Leiter" wie für die „Sezession" als Redakteur und Stammautor wichtig. Daher folgen auch zu ihm kurz biografische Daten: Der 1959 Geborene studierte Geschichte und evangelische Theologie, ist promovierter Historiker und arbeitet als Lehrer für Geschichte an einem Gymnasium. Auch er gehörte als Student der „Deutschen Gildenschaft" an und war Stammautor der konservativen Theoriezeitschrift „Criticon".

Deren formaler Aufbau ähnelt wohl nicht zufällig der „Sezession". Ende 2016 erschien die 75. Ausgabe, worin sich ein Rückblick auf das Wirken findet. In dieser „Chronik", die aus dem Selbstverständnis heraus eine Übersicht liefert, heißt es für 2002: „Ein Förderer des drei Jahre zuvor gegründeten Institutes für Staatspolitik (IfS) stellt Ende des Jahres einen Betrag zur Verfügung, Ziel: Aufbau einer metapolitischen Theoriezeitschrift, Titelvorschläge: Zitadelle, Räson, Sezession …" (Ohne Autor 2016). Angaben über den Finanzier wurden nicht gemacht. Der Charakter ist mit „Theoriezeitschrift" treffend umschrieben. Die Ausgaben erscheinen in Broschürenform, haben eine Größe von 30 × 18 cm und einen Umfang von 64 Seiten bzw. seit 2017 72 Seiten. Darin findet man nach dem Editorial häufig ein Autorenportrait, dann Abhandlungen von vier bis sechs Seiten, dem folgend kürzere Beiträge von zwei Seiten sowie ein Rezensionsteil. Es gibt Ausgaben mit einem inhaltlichen Schwerpunkt ebenso wie offene Hefte ohne ein solches Thema.

## 3.4 Grundpositionen zu Ideologie und Strategie in „Provokation"

Um einen Eindruck von den Grundpositionen zu bekommen, lohnt der Blick in das Buch „Provokation" von Kubitschek. Der bereits 2007 erschienene Band gilt zumindest handlungsbezogen als Basiswerk für die Neue Rechte. Darin sprach der Autor zunächst von einer notwendigen „Umwälzung der politischen Verhältnisse in Deutschland". Die sei nötig angesichts einer kranken Nation und einem schwachen Staat. Es gäbe existenzielle Bruchlinien und latente Konflikte, welche auf dem Weg zu einem „Vorbürgerkrieg" führten. Diese Entwicklung wird von Kubitschek aus strategischer Perspektive sogar begrüßt, denn: „Wünschen wir uns die Krise! Sie bedrängt, sie bedroht unser krankes Vaterland zwar, aber gerade dies weckt vielleicht seinen Mut, ins Unvorhersehbare abzuspringen und das zu wagen, was den Namen ‚Politik' verdiente: Nur kein Rückfall ins Siechtum, ins Latente, ins Erdulden!" (Kubitschek 2007, S. 8, 12 f.). Demnach beschwört er auch eine gesellschaftliche Krisensituation, um daraus eine Umbruchsituation zu machen.

Dazu bedürfe es dann der titelgebenden Handlungen: „Provokation, kluge, arrogante, witzige, schockierende, plötzliche, stete, situative Provokationen ist für unseren Zweck das unausweichliche und das geeignete Mittel." Hier deutet Kubitschek abstrakt Aktionsformen an, welche mit dem öffentlichen Agieren der „Identitären" oder der „Konservativ-Subversiven Aktion" später in Verbindung gebracht wurden. Denn: „Wahrgenommen wird das Unerwartete, wahrgenommen wird der *gezielte Regelverstoß* …" Derartiges Agieren soll offenbar Begründungen aus- und Gewalt einschließen, heißt es doch: „Wir halten nicht viel von langwierigen Begründungen, von Herleitungen, von der systematischen Stimmigkeit unseres Handlungsantriebs … Nein, diese Mittel sind aufgebraucht, und von der Ernsthaftigkeit unseres Tuns wird euch kein Wort überzeugen, sondern bloß ein Schlag ins Gesicht." (Kubitschek 2007, S. 22, 24, 30). Selbst wenn man diese Aussage nur für eine symbolische hält, wird hier eine gewaltaffine Grundhaltung deutlich.

Dies mag auch erklären, warum die inhaltliche Entwicklung einer eigenen politischen Theorie nicht als zwingend erscheint. Kubitschek empfahl die Lektüre einiger Vordenker, welche mit ihren Auffassungen die inhaltliche Leitlinie für die Zukunft vorgeben würden. Hierzu gehören vor allem historische Protagonisten der Konservativen Revolution wie Ernst Jünger, Ernst von Salomon, Carl Schmitt oder Oswald Spengler und Repräsentanten der gegenwärtigen Neuen Rechten wie Alain de Benoist, Günter Maschke, Armin Mohler oder Karlheinz Weißmann. Dabei handelt es sich bis auf wenige Ausnahmen nicht um demokratische, sondern um extremistische Konservative. Insofern kann auch nicht irritieren, dass in den folgenden Ausführungen von Kubitschek immer wieder Mohler erwähnt wurde. Er war ein bekennender Faschist (vgl. Mohler 1995) und für die Neue Rechte ein Vordenker. Insbesondere sein Essay „Der faschistische Stil" wurde dann von Kubitschek für strategische Gedanken über die gegenwärtige Umsetzung breiter rezipiert.

# 4 Analyse von Diskursthemen in der „Sezession"

## 4.1 Diskursthema „Rechts": Abgrenzung von „links" und Forderung der „Umwälzung"

Dass man sich als politisch „rechts" verstand, hat die „Sezession" zu keinem Zeitpunkt verschwiegen. Doch was damit in einem engeren oder weiteren Sinne gemeint sein sollte, blieb in den einzelnen Heften häufig unklar. Die Bekenntnisse bezogen sich entweder auf eine Bejahung einzelner Normen oder eine Frontstellung gegen „linke" Prinzipien. Gleichwohl wurde der Klärung des Selbstverständnisses eigentlich ein hoher Stellenwert eingeräumt. Daher erschien die Nr. 3 im Oktober 2003 zu „Rechts", worin bereits im Editorial an der Links-rechts-Unterscheidung festgehalten werden sollte. Der dafür zuständige Autor Karlheinz Weißmann hob darin offen die politische Notwendigkeit eines entsprechenden Selbstverständnisses hervor, bedürfe es doch eines Gegengewichts zur angeblich dominanten Linken: „Das kann nicht geschaffen werden ohne neue Klärung der Begriffe links und rechts, und diese Klärung ist selbstverständlich ein politischer Akt; Goethe notierte in *Maximen und Reflexionen:* ‚Wer klare Begriffe hat, kann befehlen'" (Weißmann 2003a, S. 1).

Damit machte der Autor über ein Klassiker-Zitat deutlich, worum es ihm in der Politik geht. Weißmann steuerte auch den Grundsatzbeitrag „Das rechte Prinzip" bei. Darin umschrieb er in Abgrenzung von „Links" die eigene Position. Es hieß: „Man empfindet Gleichheit als Gleichförmigkeit, als Uniformität und die als ästhetisch störend." Denn: „Für die Rechte ist die Hierarchie schön und mit ihr der liturgische Ausdruck. Es rührt aus dieser Wahrnehmung auch die Sympathie für authentische Volkskulturen einerseits und die Ablehnung des Multikulturalismus andererseits." Und weiter bemerkte Weißmann noch: „Die Betonung der Differenz geht einher mit der Neigung zum Konkreten und



A. Pfahl-Traughber, *Der Extremismus der Neuen Rechten*, essentials,
https://doi.org/10.1007/978-3-658-27779-6_4

begründet die Fremdheit der Rechten gegenüber systematischen Weltdeutungen." (Weißmann 2003b, S. 3). Derart entwickelte Ansätze in Form einer politischen Theorie findet man denn auch weder allgemein bei den Autoren der „Sezession", noch bei dem als Kopf der Neuen Rechten geltenden Weißmann selbst. Die Hierarchie und das Konkrete sind indessen eher diffuse Termini.

In der gleichen Ausgabe erschien von dem Publizisten André F. Lichtschlag ein Plädoyer „Für die libertär-konservative Sezession" (vgl. Lichtschlag 2003), das eine Reaktion von Götz Kubitschek auslöste. Da dieser der hauptverantwortlicher Herausgeber ist, kommt der darin enthaltenen Selbstzuschreibung ein hoher Stellenwert zu. Er betonte zunächst einige Gemeinsamkeiten, um dann seine grundlegende Skepsis gegenüber dessen Vorstellungen zu verdeutlichen. Dabei bekannte Kubitschek, „volkskonservativ" zu sein. Die gemeinten Auffassungen, die dann aber nicht genauer erläutert wurden, entstammten der Weimarer Republik. Gemeint war die Konservative Revolution. Man habe damals nicht zurück zu einer alten Ordnung gewollt: „Vielmehr nahmen die Volkskonservativen das Volk in seiner Gesamtheit als politische Größe ernst und konzipierten eine Umwälzung der Umwälzung, also eine neue Ordnung … Um eine Umwälzung der Umwälzung muss es auch heute gehen, darin sind sich Lichtschlag und ich einig" (Kubitschek 2003, S. 45).

## 4.2 Diskursthema Strategie (I): „Provokation": Mittel für „Umwälzungen"

Nach der Einschätzung in der erwähnten „Chronik" erschien in Nr. 12 vom Januar 2006 „Kubitscheks Schlüsseltext der deutschsprachigen Neuen Rechten" (Ohne Autor 2016). Gemeint ist damit sein Beitrag „Provokation". Auch wenn eher Eigenlob diese Einschätzung motiviert haben mag, wird im Selbstverständnis der Stellenwert des Textes durch diese Wertung hervorgehoben. Dabei handelt es sich lediglich um drei Seiten, worin kaum etwas zur Ideologie und nur wenig zur Strategie steht. Es geht dem Autor in diesem Heft, das der „Krise" als Thema gewidmet ist, um deren Nutzung für politische Veränderungen. Den Ausgangspunkt dafür bildet das Beklagen von Gegebenheiten, wobei der politischen Führung über dreißigjährige Verantwortungslosigkeit attestiert und dem „sitzenden Schimpfer" mangelnde Widerstandsbereitschaft unterstellt wird. Kubitschek meinte, „angesichts dieser Lage … sollte vor einer Umwälzung der Verhältnisse keine Angst herrschen", es sei denn, das Volk habe „keine Kraft mehr zu einer Umwälzung".

Gleich durch die zweifache Formulierung hintereinander wird somit klar gemacht, dass es nicht um Kritik oder Reformen, sondern um eine „Umwälzung" gehen soll. Was damit genau gemeint ist, bleibt indessen inhaltlich unklar. Der Autor beklagte zwar später die fehlende Eindeutigkeit von Positionen, die in Konsensrunden in Talkshows auszumachen sei. Er selbst lies eine solche für sich nicht nur hier ebenfalls vermissen. Kubitschek ging es aber auch mehr um Feindbestimmung und Strategie: „... weil wir also einen Gegner haben, ist es an uns, die Krise als Chance zu nutzen, die Begriffe zuzuspitzen und den Gegner zu kennzeichnen. Provokation ist dafür das geeignete Mittel." Darüber hinaus hieß es: „Angesichts des Zustands unseres Lands ist praktisch jedes Mittel legitim, das zu Veränderungen führt. Provokation muß, wenn sie der Auftakt zu Umwälzungen sein will, als Baustein innerhalb einer Strategie ihren Platz haben." Aber auch hier finden sich keine genaueren Angaben über Formen, Gelegenheiten und Zielsetzungen.

Kubitschek betonte indessen die Frontstellung gegen einen öffentlichen Konsens, der eben durch Provokationen überwunden werden soll. Als einziges konkretes Beispiel nannte er eine Kritik an Jürgen Habermas. Dem Sozialphilosophen könne öffentlich Verachtung entgegen schlagen. Habermas müsse mit dem konfrontiert werden, was er für Deutschland vor 30 Jahren forderte. Er solle gestört und verunsichert werden. Dafür sei es Zeit. Aber auch hier wurde Kubitschek weder formal noch inhaltlich konkreter. Er formulierte indessen: „Unser Ziel ist nicht die Beteiligung am Diskurs, sondern sein Ende als Konsensform, nicht ein Mitreden, sondern eine andere Sprache, nicht der Stehplatz im Salon, sondern die Beendigung der Party" (Kubitschek 2016, S. 22–24). Demnach sah er seine Auffassung außerhalb von Diskurs und System verankert. Kubitschek bekundete nicht nur eine grundlegende Negierung, sondern auch eine erhoffte Umwälzung. Aufmerksamkeit und Konfrontation sollten nach außen, Mobilisierung und Rekrutierung nach innen den Provokationen folgen.

## 4.3 Diskursthema „Faschismus": Latente Faszination für ein Phänomen

Als Nr. 34 erschien im Februar 2010 ein ganzes Themenheft zum „Faschismus" womit insbesondere der historische Faschismus in Italien, aber auch faschistische Bewegungen in anderen Ländern gemeint waren. Der deutsche Nationalsozialismus spielte dabei keine Rolle. Dafür könnte es auch nachvollziehbare Begründungen geben, wird er doch in der Forschung aufgrund des Holocaust mitunter nicht dieser Sammelbezeichnung zugeordnet. Derartige Argumente kommen in dem Heft indessen nicht vor, erscheint bezogen auf den Faschismus in diesem Kontext doch der deutsche Nationalsozialismus als wesensfremd. Davon kann aber angesichts einer Fülle von Gemeinsamkeiten keineswegs gesprochen werden. Auffällig ist nicht nur das Fehlen des Nationalsozialismus, sondern auch die Präsenz eines Symbols. Ein Schildkrötenlogo ziert das „Sezession"-Titelblatt. Dabei handelt es sich um das Erkennungszeichen einer faschistischen Jugendbewegung, die als „Casa Pound" in Italien durch provokatives Wirken auf sich aufmerksam gemacht hatte.

Im Editorial kritisierte Weißmann, dass Faschismus allzu sehr durch eine linke Sicht wahrgenommen werde. Demgegenüber meinte er: „Es ist Zeit, diese anti-faschistische Deutung durch eine a-faschistische zu ersetzen" (Weißmann 2010, S. 1). Die Formulierung deutet einen Gegensatz an, welcher in dem Heft indessen nicht näher umschrieben wurde. Es gab zwar Artikel zum Faschismus an der Macht, zu faschistischer Ideologie, zu Faschismus und Avantgarde und zum außereuropäischen Faschismus. Darin können aber weder affirmative Bekenntnisse noch kritische Erörterungen ausgemacht werden. Die Autoren blieben meist auf einer beschreibenden Ebene stehen, welche in der Gesamtschau dann doch zumindest unkritisch und wohlwollend wirkt. Ansonsten ist kaum erklärbar, warum man Beiträge zum Faschismus noch dazu in einem Schwerpunktheft zum Thema druckt. Auch durchaus nachvollziehbare Distanzierungen zu dessen Gewaltverständnis, Handlungsfixierung oder Ideologiedesinteresse finden sich nur in vorsichtigem und zaghaftem Tonfall.

Ein Artikel zur erwähnten „Casa Pound", der mit Martin Lichtmesz von einem Stammautor verfasst wurde, beschrieb das gemeinte Phänomen wie in dessen Selbstverständnis. Besonders betonte der Autor, dass die Bewegung mit ihrer aktiven „Solidarität mit den sozial Unterprivilegierten" in den „ureigenen Gewässern" der Linken fische. Geprägt sei sie vom „Vorrang des Aktivismus vor ideologischer Geschlossenheit" (Lichtmesz 2010, S. 25). Damit blendete der Beitrag ebenso Kritikwürdiges aus wie die anderen Texte. Dass die affirmative Dimension kein Zufall war, wurde in der Ausgabe Nr. 55 vom August 2013 deutlich. Dort fand sich ein Artikel „Der Faschismus der CasaPound Italia (CPI)" von einem Adriano Scianca. Das Autorenverzeichnis erläutert, er sei „Verantwortlicher für den Sektor Kultur bei CasaPound Italia auf nationaler Ebene". Daher kann nicht verwundern, dass „die Bezugnahme auf den Faschismus als Hauptquelle der Inspiration für CPI" (Scianca 2013, S. 35) nicht einer kritischen Erörterung hinsichtlich dessen historisch-politischer Folgen ausgesetzt wurde.

## 4.4 Diskursthema „Konservative Revolution“: das ideologische Vorbild

Angesichts der Ausrichtung der Neuen Rechten an der Konservativen Revolution der Weimarer Republik war erwartbar, dass auch eine Schwerpunktausgabe zu diesem Thema erschien. Die damit gemeinte Nr. 44 vom Oktober 2011 präsentierte zunächst Portraitbilder auf der Titelseite: Gottfried Benn und Friedrich Nietzsche, Martin Heidegger und Ernst Jünger, Carl Schmitt und Armin Mohler, Stefan George und Oswald Spengler. Die Aufmachung entsprach dabei dem Band zur „Konservativen Revolution“, der auf die Doktorarbeit von Armin Mohler zurückgeht. Dieser hatte deren Ideen wie erwähnt in den 1960er und 1970er Jahren als Publizist im konservativen bzw. rechten Lager bekannt gemacht. Im Editorial schrieb Weißmann: „Wer nicht behaupten will, daß die Krise ein Phantom ist oder eine vorübergehende Formschwäche, der sieht sich gezwungen, nach den tieferen Ursachen zu fragen, und er wird über kurz oder lang zu Einschätzungen kommen, die denen der KR entsprechen“ (Weißmann 2011, S. 3).

Ein derartiges Bekenntnis formulierte auch Kubitschek in seinem Beitrag „Die Strahlkraft der KR“, wobei der Gegenwart-Vergangenheit-Vergleich interessant ist. Bedauernd schrieb er zunächst: „Fundamentalopposition ist nicht die Sache politischer Konservativer von heute“. Dahingehend sei es bei der gemeinten Intellektuellengruppe in der Weimarer Republik anders gewesen: „Die sogenannte Konservative Revolution von 1918 bis 1932 hat bis heute ihre Strahlkraft auch deshalb nicht verloren, weil sie in ihren Hauptvertretern radikal und kompromißlos war, so ganz und gar bereit für etwas Neues, einen dritten Weg, einen Umsturz, eine Reconquista, einen revolutionären, deutschen Gang in die Moderne.“ Und weiter hieß es bei Kubitschek: „Die erste KR strahlt in ihrer kurzen, reichen Blüte bis heute aus, weil ihr Personal in seinen Haupt- und Nebenrollen durchgespielt hat, was an innerer und äußerer Mobilmachung, totaler Mobilmachung für eine kommende Auseinandersetzung möglich und notwendig war“ (Kubitschek 2011, S. 9, 10, 13).

Demnach hat man es hier mit einem eindeutigen Bekenntnis zur Konservativen Revolution der Weimarer Republik zu tun. Diese intellektuelle Bewegung richtete sich nicht nur gegen kritikwürdige Entwicklungen im, sondern gegen die politischen Grundlagen des ersten deutschen demokratischen Verfassungsstaates. Gerade eine solche Frontstellung vermisste Kubitschek bei heutigen Konservativen, sieht sie aber für sein politisches Lager als notwendig an. Dies ist bei der Berufung auf die Konservative Revolution eine in sich schlüssige Konsequenz für politische Positionen. Denn eine kritische Auseinandersetzung mit dem extremistischen Gedankengut der damaligen Protagonisten findet bei den Stammautoren der „Sezession" nicht statt. Anmerkungen von Erik Lehnert, der in seinem Beitrag „Lebensreform und Politik" auf Lebensfremdheit, Sterilität und Verstiegenheiten verwies, können schwerlich so verstanden werden (vgl. Lehnert 2011, S. 16). Es ging um Einwände gegen den Handlungsstil der Konservativen Revolution, aber nicht gegen deren Positionen.

## 4.5 Diskursthema „Carl Schmitt": Deutungen als politischer Klassiker

Da Carl Schmitt als einer der führenden Köpfe der Konservativen Revolution gilt, erschien mit der Nr. 42 vom Juni 2011 auch eine Schwerpunktausgabe zu dem Staatsrechtler. Dieser wird mit kritischem Blick nicht selten als „Kronjurist des Dritten Reichs" bezeichnet. Für eine derartige Einschätzung spricht, dass Schmitt in den ersten Jahren der NS-Diktatur eine bedeutende Rolle bei der staatsrechtlichen Legitimation der totalitären Herrschaft spielte. Gegen eine derartige Einschätzung spricht, dass er kein Anhänger des Nationalsozialismus im ideologischen Sinne war. Gleichwohl gehörte der Staatsrechtler sowohl vor wie nach 1933 bzw. 1945 zu den erklärten Gegnern der Normen und Regeln des demokratischen Verfassungsstaates. Wie erwähnt hielt Schmitt bereits in der Weimarer Republik eine Diktatur für demokratischer als den Parlamentarismus, um mit der Berufung auf „Demokratie" den Liberalismus und Pluralismus zu delegitimieren. Auch die Aufmerksamkeit für seine Fragestellungen muss diese ideologische Prägung mit berücksichtigen.

Damit einhergehende Differenzierungen findet man in der „Sezession" aber nicht. Weißmann hob zwar eine „Tendenz zur Selbstverrätselung, eine Neigung zum intellektuellen Spiel" bei Schmitt hervor. An einer inhaltlichen Distanzierung mangelte es indessen, feierte er ihn doch als einen nonkonformistischen „Meisterdenker" für das eigene politische Lager: „Hier geht es … um eine Reihe von zentralen Einsichten und um das Bereithalten einer Gegen-Lehre, die geeignet ist, zentrale Annahmen infrage zu stellen, die bis heute den Lehrplan von Politologie und Volkspädagogik bestimmen." Und weiter liest man im Editorial: „Er gehört damit zu jenen Gegenaufklärern, die schon wegen der Art ihrer Einsichten für Popularität ungeeignet sind" (Weißmann 2011b, S. 1) Kritikwürdiges wird schnell relativiert, wofür folgende Aussage von Kubitschek steht: „Selbst Schmitts Antisemitismus … überstieg das nicht, was damals zum Ton eines Intellektuellen dazugehören konnte" (Kubitschek 2011b, S. 3). Damit wird die Auseinandersetzung mit der Judenfeindschaft zur Seite geschoben.

Besondere Aufmerksamkeit verdient darüber hinaus die distanzlose Bejahung der Demokratiedeutung, wobei es im Kern um die ideologische Legitimation einer diktatorischen Ordnungsvorstellung ging. Alain de Benoist bemerkte: „Schmitt hält dagegen an einer Demokratie des plebiszitären Typus fest, das heißt an einer partizipativen und direkten Demokratie" (Benoist 2011, S. 16). Und Thor von Waldstein schrieb, man könne in Schmitts einschlägiger Schrift dazu „nachlesen, warum … der Parlamentarismus, schon nach dem Ersten Weltkrieg ein ideenpolitischer Ladenhüter der Extraklasse, wenig bis nichts mit Demokratie zu tun hat, jedenfalls einer Demokratie, bei der … das Volk herrscht und nicht selbsternannte ‚Demokraten' …" (Waldstein 2011, S. 12). Nur scheinbar wird hier das plebiszitäre gegen das repräsentative Modell ausgespielt. Denn Demokratie beruhte bei Schmitt auf der Einheit von Regierenden und Regierten. Eine antipluralistische Diktatur mit plebiszitärer Legitimation war wie oben ausgeführt sein Ziel.

## 4.6 Diskursthema Strategie (II): Der Bruch Kubitschek/Weißmann

Auseinandersetzungen über strategische Optionen werden auch immer wieder in der „Sezession" geführt. Meist geht es dabei um die Frage, in welcher inhaltlichen Deutlichkeit oder in welcher organisatorischen Form politische Veränderungen angestrebt werden sollen. Eine derartige Debatte eskalierte in einem Konflikt zwischen Kubitschek und Weißmann, wonach man getrennte Wege ging. Am Beginn stand ein Kommentar von dem Erstgenannten, der in der Nr. 52 vom Februar 2013 erschien. Darin sprach er sich gegen eine Fixierung auf „Minimalziele" aus: Dies sei ein „Programm für Leute …, die ausgesorgt haben, für letztlich doch Zufriedene, für Antriebsschwache". Kubitschek nannte dann drei Personen, die sich für ihre Ideale beruflich oder existenziell geopfert hätten. Danach hieß es: „Alles Große dämmert vor sich hin, und selbst die Erinnerung daran schläft ein. Das Radikale ist der Stachel, der wachhält." Und weiter: „Die Fähigkeit, immer wieder voraussetzungslos über Tun und Lage nachzudenken … ist die Grundlage des Widerstands" (Kubitschek 2013, S. 9 f.).

Weißmann selbst nahm erst in einem bezeichnenderweise „Geduld!" betitelten Beitrag in der Nr. 55 vom August 2013 zu der zwischenzeitlich begonnenen Kontroverse in „Sezession" öffentlich Stellung. Er beschrieb zunächst die beiden Auffassungen in abstrakten Formulierungen wie folgt: „Akzeleration, also Beschleunigung der Prozesse in dem Sinn, daß die bisher eingenommene Stellung verschärft und nach radikaleren Lösungswegen gesucht wird" und „Konzeption, das heißt Aufrechterhaltung der Grundpositionen und deren Fortentwicklung bei dauernder Kritik und Korrektur der getroffenen Vorannahmen in der

Erwartung, künftig doch zum Zug zu kommen." Mit dem erstgenannten Aspekt waren „Bewegungen" gemeint, welche aber nur eine Chance in einer Organisation auf dauerhafte Wirkung hätten und noch dazu durch eine natürliche Unreife ihrer Trägergruppen geprägt seien. Als Beispiel für das eigene politische Lager nannte Weißmann die „Identitären", die von ideologischer Diffusität und strategischem Schwanken geprägt wären.

Demgegenüber könne man in „Abwandlung einer berühmten Formel Max Webers … sagen ‚Metapolitik ist das langsame, geduldige Bohren dicker Bretter'". Die Erfahrung zeige, dass längerfristig Erfolge nur bei begrifflicher Klarheit und nicht durch schlichten Voluntarismus möglich seien. Dafür bedürfe es Geduld und Reflexionen: „‚Erkenne die Lage' (Schmitt dixit) ist die erste Forderung, die erfüllen muß, wer Einfluß gewinnen will. Und die Lage, die deutsche Lage, spricht jedenfalls dagegen, daß irgendeine schweigende Mehrheit nur auf die Einrede oder Ermutigung der rechten Minderheit wartet, um endlich zu sagen, was sie immer sagen wollte." Es bedürfe einer Ansprache der Mitte, die durch eine Partei mobilisiert werden könnte. In der Gesamtschau müsse man auf den günstigen Moment warten: „Daß Geduld eine konservative Tugend ist, liegt auf der Hand, aber man unterschätze nicht ihr Umsturzpotential." (Weißmann 2013, S. 11–13). Diese Differenzen führten 2014 mit dazu, dass Weißmann die „Sezession"-Redaktion verlies.

## 4.7 Diskursthema „Widerstand": Forderungen nach einem Regierungsrücktritt

Angesichts der Flüchtlingsentwicklung ab 2015 kam es in der Neuen Rechten zu einem „Widerstands"-Diskurs, was auch mit der Nr. 70 vom Februar 2016 in einem Schwerpunktheft der „Sezession" zum Thema deutlich wurde. Die Ausgabe hatte auch ein beeindruckendes Titelbild: Es zeigte eine junge Frau, die eine Maschinenpistole in Richtung des Zuschauers hielt. Eine Anspielung auf eine Gewaltanwendung darf daraus ohne Unterstellungsvorwurf abgeleitet werden. Bevor auf einzelne Artikel der Blick fällt, sei hier noch einmal auf die Definition von „Widerstand" verwiesen. Denn es geht nicht um ein Alltagsverständnis im Sinne des sich Wehrens. Angesprochen ist damit vielmehr eine Auffassung, welche die Einhaltung von Gesetzen und den Verzicht auf Gewalthandlungen aufgrund bestimmter Rahmenbedingungen aufhebt. Dies gilt in einer Diktatur mit repressiver Praxis oder bei Gefahren für die freiheitliche demokratische Grundordnung. Eine derartige Ausgangssituation unterstellten dann „Sezession"-Autoren.

Der studierte Jurist und Politikwissenschaftler Thor von Waldstein legte „Zehn Thesen zum politischen Widerstandsrecht“ vor. Darin beschrieb er die damalige Gegenwart wie folgt: „Im Lichte dieser – von der Regierung seit Sommer 2015 sehenden Auges geschaffenen – Fakten kann aus staatsrechtlicher Sicht wenig Zweifel daran bestehen, daß es sich um einen vorsätzlichen Staatsstreich der Regierung gegen das eigene Volk, einen Putsch von oben handelt.“ Er leitete daraus ab, im Namen des Volkes zu sprechen. Denn: „Als Deutsche erklären wir nunmehr das demokratiezersetzende Bevölkerungsaustauschprojekt für beendet. Unsere Geduld mit der faktisch oppositionslosen Berliner Despotie und mit den Jakobinern in den Staatsmedien ist vollständig erschöpft.“ Gegenüber der gewählten Regierung formulierte von Waldstein: „Wir fordern sie … auf, unverzüglich von sich aus zurückzutreten, was ihnen bei der späteren strafrechtlichen Würdigung ihres Tuns … gegebenenfalls im Rahmen der Strafzumessung zugutekommen könnte.“ (Waldstein 2016, S. 31 f.).

Ähnliche Auffassungen vertrat der frühere Professor für Staatsrecht Karl Albrecht Schachtschneider in einer „Verfassungsbeschwerde gegen die Politik der Masseneinwanderung“. Er betonte dabei, dass hier alle Bürger ein Recht und eine Pflicht zum Widerstand hätten. Dann hieß es: „Aber das Widerstandsrecht gibt auch das Recht auf Suspendierung der Amtswalter von ihren Ämtern, die die schweren systematischen Verstöße gegen den Rechtsstaat zu verantworten haben, nämlich als andere Abhilfe, die …nur noch das Bundesverfassungsgericht leisten kann, aber auch leisten darf und muß, um die freiheitliche demokratische Grundordnung gegen die Personen zu verteidigen, die diese Ordnung zu beseitigen unternommen haben. Gewaltsamer Widerstand soll so erübrigt werden. Er wäre ein Unglück. Ich würde dafür meine Hand nicht reichen“ (Schachtschneider 2016, S. 35). Da das Scheitern dieser wie aller anderen vorherigen Verfassungsbeschwerden Schachtschneiders absehbar war, läuft seine Auffassung aber objektiv auf die Gewaltlegitimation hinaus.

## 4.8 Diskursthema Strategie (III): „Fundamentalopposition" statt „Selbstverharmlosung"

Die erwähnte Debatte um die richtige Strategie, die zum Bruch von Kubitschek und Weißmann geführt hatte, hing auch mit unterschiedlichen Optionen zusammen. Dabei stand sich das „Bewegungs“- und das „Partei“-Modell gegenüber. Die erstgenannte Ausrichtung setzte auf eine klare Frontstellung gegen die politischen Gegebenheiten, die in einer „Fundamentalopposition“ münden sollte.

Die letztgenannte Ausrichtung wollte Möglichkeiten im Parteiensystem ausloten, welche sich durch die „Alternative für Deutschland" (AfD) ergaben. Kubitschek und die „Sezession" setzten fortan auf die erste, Weißmann und die „Junge Freiheit" auf die zweite Variante. Dies bedeutete indessen nicht, dass die AfD für Kubitschek und die „Sezession" kein Thema mehr darstellte. Er selbst ist seit Jahren mit dem Thüringer Landesvorsitzenden Björn Höcke, der dort den äußersten rechten Flügel repräsentiert, persönlich wie privat befreundet. Und die „Sezession" veröffentlichte auch einen Beitrag von Marc Jongen, der als „Philosoph der AfD" gilt (vgl. Jongen 2017).

Gleichwohl dominiert die Auffassung einer grundlegenden Negation. Dafür plädierte Frank Lisson in seinem „Über die ethische Pflicht zur Fundamentalopposition" betitelten Beitrag in der Nr. 75 vom Dezember 2016. Eine solche bestehe nach dem Autor immer dann, wenn sich Regierungen politischer Verbrechen schuldig machten. Als Beispiele nannte er 1939 im NS-Deutschland und 1953 in der DDR, um danach in der Flüchtlingsentwicklung ab 2015 einen ähnlichen Prozess zu sehen: „Heute steht öffentlich nicht einmal zur Diskussion, ob es ‚moralisch anständiger' sei, Millionen vor allem junger Männer aus sogenannten Krisengebieten der Welt nach Europa zu locken … als sich dafür einzusetzen, die indigenen Europäer vor solchen Umwälzungen und Einschnitten zu bewahren." Die damit einhergehende Entwicklung müsste von Gerichten gestoppt werden. „Wo auch dies nicht mehr der Fall ist, wird fundamentaloppositioneller Widerstand für diejenigen zur Pflicht, die sich vor der Geschichte … nicht schuldig machen wollen" (Lisson 2016, S. 11, 13).

Angesichts einer aufstrebenden „Gegenbewegung", worunter wohl die AfD, Pegida und andere Entwicklungen verstanden werden, warnte Kubitschek in einem auch so überschriebenen Artikel in Nr. 76 vom Februar 2017 vor einer „Selbstverharmlosung" des „Widerstandsmilieu". Er diskutierte darin verschiedene Methoden einer Strategie. Dabei spielte Kubitschek häufig auf die AfD an, welche er vor einer Vorgehensweise abbringen will: „Die Methode, mit der diese Aufgabe gelöst werden könnte, ist … ein Vorgang, für den der Begriff ‚Selbstverharmlosung' eingeführt werden könnte: Es ist der Versuch, die Vorwürfe des Gegners durch die Zurschaustellung der eigenen Harmlosigkeit abzuwehren und zu betonen, daß nichts von dem, was man fordere, hinter die zivilgesellschaftlichen Standards zurückfalle." Dadurch bestehe aber die Gefahr, dass man längerfristig nicht mehr aus der beschworenen „Harmlosigkeit" und „Unterschiedslosigkeit" herausfinde. Die „Selbstverharmlosung" werde „zur zweiten Haut" (Kubitschek 2017, S. 26, 28).

# 5 Analyse zu Buchprogrammen der Neuen Rechten

## 5.1 Das Buchprogramm des „Antaios"-Verlags

Begleitet werden die behandelten Diskurse auch von Buchpublikationen, die im 2000 entstandenen „Antaios"-Verlag erscheinen. Dazu gehört das fünfbändige „Staatspolitische Handbuch", das als ein Nachschlagewerk zur ideologischen Orientierung dienen soll. Das Projekt hatte ursprünglich Weißmann vorangetrieben, lieferte er doch dazu eine Fülle von Texten und übernahm die Herausgeberschaft mit Erik Lehnert. Nach dem Bruch war Lehnert nur noch allein zuständig. Der erste Band „Leitbegriffe" wurde sogar von Weißmann allein verfasst. Darin finden sich Definitionen, Erläuterungen und Kommentierungen zu „Demokratie" und „Krieg", „Metapolitik" und „Reich", „Souveränität" und „Staat". „Menschenrechte" fehlt interessanterweise. Der Erstling wie die Folgebände sollen der Neuen Rechten zur geistigen Orientierung dienen. Letztere behandelten „Schlüsselwerke", „Vordenker", „Deutsche Orte" und „Deutsche Daten" (vgl. Lehnert und Weißmann, 2009, 2010, 2012, 2014; Lehnert 2016).

Darüber hinaus erschienen ganz verschiedene Werke. Hierzu gehörte auch eine Edition von früheren Kubitschek-Publikationen unter dem Titel „Die Spurbreite des schmalen Grats" (Kubitschek 2016). Besonders bekannt wurde das Buch „Revolte gegen den großen Austausch" (Camus 2016) von dem französischen Schriftsteller Renaud Camus, demzufolge die einheimische Bevölkerung planmäßig durch kulturfremde Migranten ersetzt werden solle. „Großer Austausch" steht auch für ein Schlagwort der „Identitären". Insofern kann nicht verwundern, dass mit „KontraKultur" (Müller 2017) von Mario Alexander Müller und „Identitär" (Sellner 2017) von Martin Sellner Publikationen von deren Protagonisten erschienen. Hinsichtlich des formalen Niveaus bestehen mitunter



A. Pfahl-Traughber, *Der Extremismus der Neuen Rechten,* essentials,
https://doi.org/10.1007/978-3-658-27779-6_5

erstaunliche Unterschiede. Zu den „Antaios"-Veröffentlichungen gehören mit „Der Übergang" (Pirincci 2017) von Akif Pirincci polternd-vulgäre Kommentare ebenso wie mit „Die entfesselte Freiheit" (Waldstein 2017) von Thor von Waldstein politiktheoretische Reflexionen.

Eine Besonderheit sind die „kaplaken"-Bände, kleine gebundene Bücher von meist nur unter hundert Seiten. Dort erschienen auch Nachdrucke von „Klassikern", wozu etwa „Gegen die Liberalen" (Mohler 2010) von Armin Mohler, dem Begründer der deutschen Neuen Rechten, oder „Philosophie der Selbstbehauptung" (Willms 2007) von Bernard Willms, einem nationalistischen Politologen der 1980er Jahre, zählen. Es finden sich aber auch Bände zu strategischen Fragen der Gegenwart: So betonte der „Sezession"-Stammautor Benedikt Kaiser in „Querfront" (Kaiser 2017), dass eine Kooperation mit „Linken" nicht möglich sei, man aber sehr wohl deren Positionen nach „rechts" umdeuten könne. Besonders bekannt wurde „Finis Germania" (Sieferle 2017; vgl. Pfahl-Traughber 2017) von dem verstorbenen Historiker Rolf Peter Sieferle. Antidemokratische und antisemitische Anklänge durchzogen die Klagen zum behaupteten Niedergang, wobei der Band mit kurzen Kommentaren zeitweilig gar einen Platz auf den „Spiegel"-Bestsellerlisten einnehmen konnte.

## 5.2 Die Ausrichtung des „Jungeuropa"-Verlags

Neben dem „Antaios-Verlag", der dem „Institut für Staatspolitik" auch örtlich eng verbunden ist, existiert noch ein kleinerer „Jungeuropa"-Verlag. Es handelt sich zwar um eine eigenständige Einrichtung, gleichwohl gibt es eine erkennbare politische Nähe zu diesem Unternehmen. Dafür spricht, dass die wenigen Anzeigen in der „Sezession" von anderen Verlagen eben häufig von diesem kommen, und, dass mit Benedikt Kaiser ein Mitarbeiter des „Antaios-Verlags" und „Sezession"-Stammautor auch beim „Jungeuropa"-Verlag mitarbeitet. Beachtenswert ist bei diesem schon der Hintergrund des Verlegers: Philip Stein, Jahrgang 1991, gehört der rechtsextremistischen Burschenschaft „Germania" in Marburg an und ist Sprecher der „Deutschen Burschenschaft". Darüber hinaus leitet er das Projekt „Ein Prozent für unser Land", wo auch Kubitschek eine Rolle spielt. Bekannt wurde Stein dadurch, dass er 2018 von der AfD-Landesgruppe Sachsen-Anhalt zu einem Vortrag in ein Gebäude des Deutschen Bundestages eingeladen wurde (vgl. Naumann 2018).

Der von ihm gegründete und geleitete „Jungeuropa"-Verlag in Dresden verfügt bislang nur über ein kleines Buchprogramm, worin meist französische Autoren in deutscher Übersetzung erscheinen. Gerade deren politische Hintergründe stehen für eine besondere Position: So gehört zu den Büchern die Novelle „Die Kadetten des Alcazar" (Brasillach und Massis 2018), worin die Handlung im Spanischen Bürgerkrieg spielt. Autoren sind Robert Barasillach und Henri Massis. Der Erstgenannte war ein antisemitischer und nationalistischer Schriftsteller, der als Kollaborateur mit den deutschen Besatzungsmächten zusammengearbeitet hatte. Gleiches gilt für Pierre Drieu la Rochelle, dessen autobiografisch geprägter Roman „Die Unzulänglichen" (Drieu la Rochelle 2017) erschien. Auch in ihm finden sich antisemitische Anklänge. Ansonsten trat Drieu la Rochelle für einen Eurofaschismus ein, worin er sich von der dominierenden nationalsozialistischen Position unterschied. Bemerkenswert ist, dass ausgerechnet zwei antisemitische Kollaborateure im „Jungeuropa-Verlag" erschienen.

Die französischen Nachkriegsautoren können demgegenüber der Neuen Rechen als bedeutsame Vordenker zugeordnet werden. Dies gilt für den Publizisten Dominique Venner, der zunächst ein aktiver Rechtsterrorist war und nach seinem Gefängnisaufenthalt ab 1962 diverse Schriften veröffentlichte. Dazu gehörten „Für eine positive Kritik" und „Das rebellische Herz" (Venner 2017, 2018), die erstmals in deutscher Sprache erschienen. Im ersten Buch werden Grundzüge einer Neuen Rechten im strategischen Sinne skizziert, das zweite Buch thematisiert die Bedeutung des Algerien-Krieges für die Radikalisierung der „Rechten". Im „Jungeuropa"-Verlag erschien aber auch eines der bedeutendsten Bücher der Neuen Rechten in einer Neuausgabe: Alain de Benoists „Kulturrevolution von rechts" (Benoist 2018), eine Essaysammlung des Hauptideologen der französischen Neuen Rechten. Darin kritisierte der Autor nicht nur die Alte Rechte aufgrund ihrer Theoriefeindlichkeit, sondern entwickelte auch das erwähnte „Kulturrevolution"-Konzept.

# 6 Einschätzung zu Extremismus- und Gefahrenpotential der Neuen Rechten

## 6.1 Die Bedeutung der Neuen Rechten im „Rechtsruck"

Die obigen Ausführungen, die eine besondere Definition von Neue Rechte in einem trennscharfen Sinne nahelegten, wollten die gemeinte Intellektuellengruppe nicht als isoliertes Phänomen deuten. Zwar geht es ihr zunächst einmal darum, einen eigenen theoretischen Ansatz zu entwickeln. Damit wollen sie in einen intellektuellen Diskurs einsteigen, um letztendlich eine politische Hegemoniefähigkeit zu erlangen. Gleichwohl heißt das nicht, dass man sich im Engagement auf diesen Entwicklungsweg beschränkt. Dies war immer nur dann der Fall, wenn die Gesamtsituation als ungünstig galt. Dann wollte man sich geistig für erhoffte bessere Zeiten wappnen. Gleichwohl wird die aktuelle politische Entwicklung von der Neuen Rechten anders gedeutet, man sieht die Gunst der Stunde für eigene Ziele. Aus ihrer Blickrichtung spricht auch einiges für eine solche Einschätzung: Die AfD-Erfolge und der Niedergang der Volksparteien bei Wahlen stehen dafür. Gleichzeitig kamen neue Formen des Rechtsextremismus – eben im Unterschied zu den traditionellen Varianten auf.

Am Beispiel von Kubitschek lässt sich die der Neue Rechten in diesem Prozess eigene Relevanz verdeutlichen: Wie bereits erwähnt, sprach er mehrmals bei „Legida"- und „Pegida"-Veranstaltungen. Mangels rhetorischer Fähigkeiten konnte Kubitschek zwar keine größere Wirkung entfalten, las er doch meist nur vom Blatt mit suggerierter Emotionalität einen vorbereiteten Text vor. Gleichwohl machen diese mehrfachen Auftritte deutlich, dass Kubitischek auch als Person in diesem besonderen Protestmilieu verankert ist. Darüber hinaus bestehen zu den „Identitären" enge Kontakte, also jener selbsternannten „Jugendbewegung", die mit öffentlichkeitswirksamen Aktionen wie die Besetzung von bestimmten

 
A. Pfahl-Traughber, *Der Extremismus der Neuen Rechten*, essentials,
https://doi.org/10.1007/978-3-658-27779-6_6

Gebäuden immer wieder auf sich aufmerksam macht (vgl. Goetz et al. 2017; Pfahl-Traughber 2019a, S. 169–182). Deren Aussagen sind nicht zufällig stark von der Ideologie der Neuen Rechten geprägt. Auch hat das bekannteste Gesicht der Identitären, Martin Sellner, nicht nur sein Buch bei „Antaios" veröffentlicht, er schreibt auch regelmäßig in der „Sezession".

In die AfD hinein wirkt Kubitschek offensichtlich über vielfältige Verbindungen: Björn Höcke, der Landesvorsitzende von Thüringen, hat etwa enge Kontakte zu Kubitschek. Er referierte häufiger im „Institut für Staatspolitik" und in seiner bekannten „Denkmal der Schande"-Rede bezog er sich als einzigen dezidierten Quellennachweis auf die „Sezession". Ein besonderer Beleg für Alexander Gaulands Nähe zur Neuen Rechten findet man auf einem Foto, das vor dem Bundeskanzleramt in Berlin anlässlich einer „Mahnwache" 2016 entstand. Dieses zeigt körperlich sehr dicht nebeneinander Kubitschek zwischen Gauland und Höcke stehend. Auch der als „Parteiphilosoph" geltende Marc Jongen publiziert in der „Sezession". Regelmäßig zu Gast im IfS-Sitz ist ebenfalls der Landtagsabgeordnete Hans-Thomas Tillschneider. Und in seinen Kommentaren liefert Kubitschek häufig Positionen zur parteiinternen Strategiediskussion, wobei er für „Fundamentalopposition" statt „Selbstverharmlosung" plädiert (vgl. Pfahl-Traughber 2019b, S. 25 f.).

## 6.2 Einschätzung des Gefahrenpotentials der Neuen Rechten

Welche Bedeutung kommt hinsichtlich des Gefahrenpotentials der Neuen Rechten und deren Wirkung zu? Um eine Antwort auf diese Frage zu formulieren, bedarf es einer Differenzierung hinsichtlich verschiedener Ebenen. Zunächst soll der intellektuelle Anspruch und die politische Klarheit einer kritischen Prüfung ausgesetzt werden: Auch bei den jüngeren Autoren der Neuen Rechten lassen sich zur politischen Theorie hohe Wissensbestände konstatieren, die sich aber mehr auf die eigenen ideologischen Denktraditionen denn auf die ganze politische Philosophie beziehen. Gleichwohl gibt es auch einzelne Autoren mit einer guten Beobachtungsgabe für Entwicklungen in anderen politischen Lagern, findet man doch etwa zu linken Diskursen in der „Sezession" immer wieder einschlägige Veröffentlichungen. Bezogen auf eine entwickelte Grundposition oder ein neues Systemverständnis gibt es indessen keine klaren Vorstellungen. Man beschwört einzelne Denker oder Werte, vermag aber gerade nicht klare Alternativen oder Strukturen zu benennen.

Die inhaltliche Dürftigkeit einer politischen Position bedeutet aber nicht notwendigerweise eine geringe Relevanz in der gesellschaftlichen Wirkung. Dies wäre eine weitere Ebene, wobei es um die Beantwortung der einleitenden Fragestellung ginge. Beabsichtigt ist von den Akteuren der Neuen Rechten, bei öffentlichen Diskursen die geistige Hegemonie für ihre Positionen zu erlangen. Davon kann noch nicht einmal in Ansätzen die Rede sein und insofern ist auch jede Dramatisierung von deren Einfluss fehl am Platz. Gerade unter Akademikern und Intellektuellen bestehen genügend Sensibilitäten, um die extremistischen Konsequenzen der Neuen Rechten-Vorstellungen zu erkennen. Gleichwohl ließen sich in den letzten Jahren auch für bekannte Publizisten und Wissenschaftler einschlägige Verbindungen ausmachen. Sie stehen für eine bedenkliche Erosion der Abgrenzung, die eigentlich zwischen demokratischen Konservativen und extremistischen Rechten vorhanden sein sollte. Derartige Entwicklungen, die es schon in den 1980er Jahren gab, haben sich in letzter Zeit verstärkt.

Insofern könnten Auffassungen der Neuen Rechten auch stärker in die öffentliche Meinung einsickern, wobei die AfD als politischer Akteur einen inhaltlichen Transmissionsriemen dafür liefert. Darüber hinaus bietet das Internet die Möglichkeit zu solchen Zugängen, finden sich doch einschlägige Kommentare auf „Sezession im Netz“ oder Rededokumentationen auf YouTube. Die Bücher des IfS-nahen „Verlag Antaios“ strahlen zwar meist nicht über das eigene Spektrum hinaus aus, gleichwohl wurde aus einem kleinen Buch mit antisemitischen und geschichtsrevisionistischen Prägungen zumindest zeitweise einmal ein „Spiegel“-Bestseller. Insofern gibt es durchaus Anzeichen dafür, dass die Intellektuellen der Neuen Rechten eine größere Rolle spielen könnten. Ebenso wenig wie eine Dramatisierung ist demnach auch eine Verharmlosung angebracht. Die damit einhergehenden Herausforderungen könnten und sollten daher demokratische Intellektuelle motivieren, sich argumentativ-kritisch mit Auffassungen und Hintergründen der Neuen Rechten zu beschäftigen.

## 6.3 Einschätzung des Extremismuspotentials der Neuen Rechten

Angesichts der Berufung auf die Konservative Revolution, die angesichts der erwähnten und zitierten Auffassungen eine antidemokratische Position vertrat, kann die Neue Rechte mit dieser Orientierung eben auch selbst als rechtsextremistisch gelten. Dagegen spricht weder, dass sie auf Gewalt verzichtet, noch, dass sie sich vom Nationalsozialismus distanziert. Extremismus meint die

Ablehnung der Grundlagen moderner Demokratie und pluralistischer Gesellschaft, die eben in den Bezügen auf die genannte ideengeschichtliche Strömung deutlich wird. Eine Aufforderung zur Gewaltanwendung ist dafür ebenso wenig nötig wie ein Bekenntnis zum Nationalsozialismus. Beides sind entgegen weit verbreiteter Fehldeutungen nur besondere Erscheinungsformen von Extremismus, es kann auch eine nur intellektuelle Delegitimierung der Grundlagen des demokratischen Verfassungsstaates geben. Diese Ausrichtung ist der Neuen Rechten eigen und genau darin ist das Gefahrenpotential für Demokratie und Menschenrechte, Pluralismus und Rechtsstaatlichkeit zu sehen.

Auch wenn man durchaus ideologische Gemeinsamkeiten ausmachen kann, besteht eine distanzierte Einstellung zu Nationalsozialismus und Neonazismus. Bereits bei der Konservativen Revolution gab es entsprechende Unterschiede. Diese bezogen sich aber mehr auf Habitus und Strategie: Die damaligen elitären Intellektuellen wollten mit den geistig schlichten SA-Straßenkämpfern wenig zu tun haben. Auch in Hitler erblickten sie weniger eine Lichtgestalt und mehr einen Massenmobilisator. Ideologisch bestanden indessen Gemeinsamkeiten, wobei die Konservative Revolution eher auf den Staat und die Nationalsozialisten mehr auf die „Rasse" bezogen waren. Ähnlich verhält es sich in der Gegenwart, wo die Neue Rechte mit den Neonazis allein schon wegen des Niveauunterschieds und Sozialverhaltens wenig zu tun haben will. In deren Anlehnung an den historischen Nationalsozialismus erblickt man darüber hinaus eine falsche Orientierung, lassen sich doch so in der breiten Öffentlichkeit weniger politische Sympathiepunkte sammeln.

Um eben einen solchen Einfluss entfalten zu können, treten die gemeinten Intellektuellen formal gemäßigt auf. Dass es sich dabei um ein taktisches Instrument handelt, wurde gelegentlich als Position klar formuliert. Der erwähnte Karlheinz Weißmann schrieb bereits in den 1980er Jahren: „Die Fähigkeit, in die Offensive zu gehen, muss entwickelt werden und dazu die Fähigkeit, die Situation zu beurteilen: ob hier der offene Angriff oder die politische Mimikry gefordert ist." (Weißmann 1986, S. 178). Angesichts einer politisch für ihn eher ungünstigen Rahmensituation hielt er sich mit eindeutigen Formulierungen häufig zurück. Gleichwohl bekannte Weißmann in einem Interview offen, die Jungkonservativen der Weimarer Republik als geistig-politisches Leitbild anzusehen (vgl. Weißmann 2006, S. 34). Auch Götz Kubitschek erwähnte die Notwendigkeit, eigene Auffassungen mitunter gemäßigter zu formulieren. Es gehe um den „Drahtseilakt zwischen notwendiger Offenheit und taktischer Maskierung" (Kubitschek 2007, S. 48).

# Schlusswort und Zusammenfassung 7

Abschließend soll noch eine bilanzierende Antwort auf die oben angesprochenen Fragen gegeben werden. Das war erstens: Welche ideologische Ausrichtung haben die Gemeinten? Die inhaltliche Anlehnung an das Gedankengut der Konservativen Revolution wurde anhand der „Sezession" deutlich. Ein Bezug auf den historischen Nationalsozialismus lässt sich demgegenüber weniger feststellen, es gibt kein ideologisches Bekenntnis zu ihm, meist gilt dieser sogar als ignoriertes „Unthema". Die zweite Frage lautete: Wie ist die beschriebene Neue Rechte aus demokratie- bzw. extremismustheoretischer Perspektive einzuschätzen? Eine Antwort gibt der Blick auf die ideologischen Klassiker. Die vorgenannten Denkströmungen lehnten alle nicht nur die Institutionen, sondern auch die Normen des demokratischen Verfassungsstaates ab. Diese Frontstellung findet man auch bei der Neuen Rechten, wenngleich aus strategischer und taktischer Rücksichtnahme nicht in der gleichen Vehemenz. Indessen handelt es sich dadurch eindeutig um eine Form des Rechtsextremismus.

Die dritte Frage lautete: Welche inhaltlichen Diskurse will die Neue Rechte entfalten? Dazu gehörten zunächst die Bemühungen um eine Renaissance der Denker der Konservativen Revolution. Es geht insbesondere um eine Aufwertung von deren Positionen für die gegenwärtige Zeit. Damit verbindet sich auch die dezidierte Frontstellung gegen das abgelehnte politische System, wird doch ganz offen von „Umsturz", „Umwälzung" und „Widerstand" gesprochen. Gerade der letztgenannte Diskurs kann Gesetzesbrüche und Gewalthandlungen legitimieren. Und damit geht es um die vierte Frage: Welche Relevanz kommt der Neuen Rechten beim „Rechtsruck" in der Wirkung zu? Direkt kann man so etwas kaum wahrnehmen. Aber über diverse Etappen

 
A. Pfahl-Traughber, *Der Extremismus der Neuen Rechten*, essentials,
https://doi.org/10.1007/978-3-658-27779-6_7

sind unterschiedliche Folgewirkungen möglich. Die erwähnten Beispiele verdeutlichten, dass bestimmte AfD-Politiker die Ideen der Neuen Rechten aufgreifen; gleiches gilt für die „Identitären" mit ihrer „Provokation"-Strategie und die „Pegida"-Anhänger mit ihren „Widerstand"-Rufen.

Ganz allgemein kann von daher gesagt werden, dass die Neue Rechten den „Rechtsruck" befördert. Angesichts der vielfältigen Aktivitäten und Kontakte von Kubitschek geschieht dies nicht mehr nur durch „Metapolitik". Der „Kampf um die Köpfe" ist schon längst um den „Kampf um die Parlamente" und um den „Kampf um die Straße" erweitert worden. Das was einst die „Drei-Säulen-Strategie" der NPD war und in einem politischen Scheitern mündete, findet im Einklang der Neuen Rechten mit dem „rechten Flügel" der AfD und der Pegida-Bewegung mittlerweile bedeutende gesellschaftliche und politische Resonanzen. Dabei besteht aber auch die erwähnte Differenz innerhalb der Neuen Rechten: Während der Komplex um die „Junge Freiheit" eher auf eine formale Mäßigung setzt, um so breiter in die Gesellschaft hinein zu wirken, will der Komplex um das „Institut für Staatspolitik" keine Kompromisse machen, um so direkter und konsequenter die „Umwälzung" voranzutreiben. Dazu soll die intellektuelle Legitimation durch die Neue Rechte geliefert werden.

# Was Sie aus diesem *essential* mitnehmen können

- Die Neue Rechte ist eine lose Intellektuellengruppe, die sich auf das Gedankengut der Konservativen Revolution der Weimarer Republik bezieht.
- Sie will durch eine „Kulturrevolution von rechts" die geistige Hegemonie erlangen, um so die Entwicklung hin zu einem „Umsturz" oder einer „Umwälzung" einzuleiten.
- Die Neue Rechte ist aufgrund dieser ideologischen Prägung und politischen Zielsetzung als eine rechtsextremistische Gruppierung anzusehen.
- Der gegenwärtig bedeutsamste Repräsentant der Neuen Rechten ist das „Institut für Staatspolitik" mit ihrem Publikationsorgan „Sezession".
- In diesem wird an die antidemokratischen Anhänger der Konservativen Revolution der Weimarer Republik in einem affirmativen Sinne erinnert.
- Darüber hinaus versucht man politische Begriffe im eigenen Sinne neu zu deuten, wozu etwa „Demokratie", „Faschismus", „Volk" oder „Widerstand" gehören.
- Es gibt auch strategische Empfehlungen an das politische Lager zwischen AfD, „Identitären" und „Pegida", wobei auf „Fundamentalopposition" und „Umwälzung" gesetzt wird.
- Dabei gehen die Diskurse nicht selten auch mit einer zumindest latent angelegten Gewaltbejahung einher, was über Etappen nachfolgende Wirkungen auslösen kann.
- Die Existenz und das Wirken der Neuen Rechten machen deutlich, dass es auch im intellektuellen Bereich eine entsprechende Herausforderung durch einen „Rechtsruck" gibt.



A. Pfahl-Traughber, *Der Extremismus der Neuen Rechten*, essentials,
https://doi.org/10.1007/978-3-658-27779-6

# Literatur


AK Neue Rechte, Hrsg. 1990. *Thule-Seminar. Spinne im Netz der Neuen Rechten*. Kassel.

Brasiliach, Robert, und Henri Massis. 2017. *Die Kadetten von Alcazar*. Dresden.

Braun, Stephan, und Ute Vogt, Hrsg. 2007. *Die Wochenzeitung „Junge Freiheit". Kritische Analysen zu Programmatik, Inhalten, Autoren und Kunden*. Wiesbaden.

Breuer, Stefan. 1993. *Anatomie der Konservativen Revolution*. Darmstadt.

Camus, Renaud. 2016. *Revolte gegen den großen Austausch*. Schnellroda.

Christadler, Marieluise. 1983. Die „Nouvelle Droite" in Frankreich. In *Neokonservative und „Neue Rechte". Der Angriff gegen Sozialstaat und liberale Demokratie in den Vereinigten Staaten, Westeuropa und der Bundesrepublik*, Hrsg. Iring Fetscher, 163–215. München.

de Benoist, Alain. 2011. Die Aktualität Carl Schmitts. *Sezession* 9 (42): 14–17.

de Benoist, Alain. 2018. *Kulturrevolution von rechts*. Dresden.

Dittrich, Sebastian 2007. Zeitschriftenporträt: Criticon. In Backes, Uwe und Jesse, Eckhard, Hrsg. *Jahrbuch Extremismus & Demokratie,* Bd. 19, 263–287. Baden-Baden.

Drieu la Rochelle, Pierre 2017. *Die Unzulänglichen*. Dresden.

Goetz, Judith, Joseph Maria Sedlacek, und Alexander Winkler, Hrsg. 2017. *Untergangster des Abendlandes. Ideologie und Rezeption der rechtsextremen Identitären*. Hamburg.

Jaschke, Hans Gerd 1990. Frankreich. In Jaschke, Hans Gerd, Franz Greß, und Klaus Schönekäs Hrsg. *Neue Rechte und Rechtsextremismus in Europa. Bundesrepublik, Frankreich Großbritannien,* 7–103.

Jongen, Marc. 2017. Migration und Streßtraining. *Sezession* 15 (76): 22–25.

Jung, Edgar Julius. 1932. Deutschland und die konservative Revolution. In *Deutsche über Deutschland. Die Stimme des unbekannten Politikers*, Hrsg. Edgar Julius Jung. München.

Kaiser, Benedikt. 2017. *Querfront*. Schnellroda.

Kellershohn, Helmut, Hrsg. 2013. *Die „Deutsche Stimme" der „Jungen Freiheit". Lesarten des völkischen Nationalismus in zentralen Publikationen der extremen Rechten*. Münster.

Kellershohn, Hemut 2016. Das Institut für Staatspolitik und das jungkonservative Hegemonieprojekt. In *Strategien der extremen Rechten. Hintergründe – Analysen – Antworten*, Hrsg. Braun, Stephan, Geisler Alexander, und Gerster, Martin, 439–467. Wiesbaden.




A. Pfahl-Traughber, *Der Extremismus der Neuen Rechten,* essentials,
https://doi.org/10.1007/978-3-658-27779-6

Kubitschek, Götz. 2003. Verfügungsräume. Antwort auf Lichtschlags Angebot. *Sezession* 1 (3): 43–45.
Kubitschek, Götz. 2006. Provokation. *Sezession* 4 (12): 22–24.
Kubitschek, Götz 2007: *Provokation*, Schnellroda.
Kubitschek, Götz. 2011. Die Strahlkraft der KR. *Sezession* 9 (44): 8–13.
Kubitschek, Götz. 2011. 1932, 1933, 1936. *Sezession* 9 (42): 2–6.
Kubitschek, Götz. 2013. Wir selbst, das wesentliche und das Magnetische. *Sezession* 11 (52): 8–10.
Kubitschek, Götz 2016. *Die Spurbreite des schmalen Grats. Texte 2000–2016*, Schnellroda.
Kubitschek, Götz. 2017. Selbstverharmlosung. *Sezession* 15 (76): 26–28.
Lehnert, Erik. 2011. Lebensreform und Politik. *Sezession* 9 (44): 14–16.
Lehnert, Erich, Hrsg. 2016. *Staatspolitisches Handbuch: Band 5: Deutsche Daten*, Schnellroda.
Lehnert, Erik und Weißmann, Karlheinz, Hrsg. 2009. *Staatspolitisches Handbuch. Band 1: Leitbegriffe*, Schnellroda.
Lehnert, Erik und Weißmann, Karlheinz, Hrsg. 2010 *Staatspolitisches Handbuch. Band 2: Schlüsselwerke*, Schnellroda.
Lehnert, Erik und Weißmann, Karlheinz, Hrsg. 2012. *Staatspolitisches Handbuch. Band 3: Vordenker*, Schnellroda.
Lehnert, Erik und Weißmann, Karlheinz, Hrsg. 2014. *Staatspolitisches Handbuch. Band 4: Deutsche Orte*, Schnellroda.
Lichtmesz, Martin. 2010. Casa Pound. *Sezession* 8 (45): 22–26.
Lichtschlag, André F. 2003. Für die libertär-konservative Sezession. *Sezession* 1 (3): 36–40.
Lisson, Frank. 2016. Über die ethische Pflicht zur Fundamentalopposition. *Sezession* 14 (75): 10–13.
Lucke, Bernd. 2019. *Systemausfall. Europa. Deutschland und die AfD. Warum wir von Krise zu Krise taumeln und wie wir den Problemstau lösen*. München.
Moeller van den Bruck, Arthur 1931. *Das Dritte Reich*. Hamburg.
Mohler, Armin 1989. *Die Konservative Revolution in Deutschland 1918–1932. Ein Handbuch* (1950), zwei Bände, Darmstadt.
Mohler, Armin 1995. „Ich bin ein Faschist“ (Interview), In Leipziger Volkszeitung vom 25./26. Oktober.
Mohler, Armin 2010. *Gegen die Liberalen*, Schnellroda.
Müller, Mario Alexander 2017: *KontraKultur*. Schnellroda.
Naumann, Annelie 2018. AfD lädt völkischen Strategen in den Bundestag ein (4. Juli), in. www.welt.de.
Ohne Autor 2016. 75 x Sezession – eine Chronik. *Sezession* 14 (75) vom Dezember, nicht paginiert.
Pfahl-Traughber, Armin. 1998. *Konservative Revolution und Neue Rechte. Rechtsextremistische Intellektuelle gegen den demokratischen Verfassungsstaat.*
Pfahl-Traughber, Armin 2008. Extremismus und Terrorismus. Eine Definition aus politikwissenschaftlicher Sicht. In *Jahrbuch für Extremismus- und Terrorismusforschung 2008*, Hrsg. Pfahl-Traughber, Armin, 9–33. Brühl.
Pfahl-Traughber, Armin 2013. Kritik der Kritik der Extremismustheorie. Eine Auseinandersetzung mit einschlägigen Vorwürfen. In *Jahrbuch für Extremismus- und Terrorismusforschung*, Hrsg. Pfahl-Traughber, Armin, 31–55. Brühl.

Pfahl-Traughber, Armin 2017. Auf der Sachbuch-Bestsellerliste (26. Juli): www.bnr.de.
Pfahl-Traughber, Armin. 2019. *Rechtsextremismus in Deutschland. Eine kritische Bestandsaufnahme*. Wiesbaden.
Pfahl-Traughber, Armin. 2019. *Die AfD und der Rechtsextremismus. Eine Analyse aus politikwissenschaftlicher Sicht*. Wiesbaden.
Pirincci, Akif. 2017. *Der Übergang: Berichte aus einem verlorenen Land*. Schnellroda.
Schachtschneider, Karl Albrecht. 2016. Verfassungsbeschwerde gegen die Politik der Masseneinwanderung. *Sezession* 14 (70): 33–35.
Schmitt, Carl 1991. *Die geistesgeschichtliche Lage des heutigen Parlamentarismus* (1923/1926), Berlin.
Scianca, Adriano. 2013. Der Faschismus der CasaPound Italia (CPI). *Sezession* 11 (5): 34–37.
Sellner, Martin 2017. *Identitär! Geschichte eines Aufbruchs*. Schnellroda.
Sieferle, Rolf Peter 2017. *Finis Germania*. Schnellroda.
Spengler, Oswald 1922. *Preußentum und Sozialismus* (1920). München.
Spengler, Oswald 1933: *Jahre der Entscheidung. 1. Teil: Deutschland und die weltgeschichtliche Entwicklung*, München.
Venner, Dominique. 2017. *Für eine positive Kritik. Das Ende der alten Rechten*. Dresden.
Venner, Dominique 2018. *Das rebellische Herz*. Dresden.
von Waldstein, Thor. 2011. Schmitt lesen. *Sezession* 9 (42): 8–13.
von Waldstein, Thor. 2016. Zehn Thesen zum politischen Widerstandsrecht. *Sezession* 14 (70): 30–32.
von Waldstein, Thor. 2017. *Die entfesselte Freiheit. Vorträge und Aufsätze*. Schnellroda.
Walkenhaus, Rolf 1997: Armin Mohlers Denkstil. In *Jahrbuch Extremismus & Demokratie*, Hrsg. Backes, Uwe und Jesse, Eckhard, Bd. 9, 97–116. Baden-Baden.
Weißmann, Karlheinz. 1986. Neo-Konservativismus in der Bundesrepublik. *Eine Bestandsaufnahme. Criticon* 16 (96): 176–178.
Weißmann, Karlheinz. 2003. Editorial. *Sezession* 1 (3): 3.
Weißmann, Karlheinz. 2003. Das rechte Prinzip. *Sezession* 1 (3): 2–6.
Weißmann, Karlheinz. 2006. *Unsere Zeit kommt: Gespräch mit Götz Kubitschek*. Schnellroda.
Weißmann, Karlheinz. 2010. Editorial. *Sezession* 8 (34): 1.
Weißmann, Karlheinz. 2011a. Editorial. *Sezession* 9 (44): 3.
Weißmann, Karlheinz. 2011b. Editorial. *Sezession* 9 (42): 1.
Weißmann, Karlheinz. 2013. Geduld! – Lage und Möglichkeit der intellektuellen Rechten. *Sezession* 11 (55): 10–13.
Willms, Bernard. 2007. *Philosophie der Selbstbehauptung*. Schnellroda.